LA GRANDE IMAGERIE

LES ANIMAUX
DISPARUS

TEXTES **VIRGINIE JOBÉ-TRUFFER**
ILLUSTRATIONS **BENJAMIN CARRÉ**

FLEURUS

DES DISPARITIONS DEPUIS LA NUIT DES TEMPS

La Terre a 4,5 milliards d'années. Elle a vu naître successivement dans l'eau les bactéries, les algues, les vers, les méduses et les poissons. Puis c'est sur la terre qu'ont éclos les insectes, les amphibiens, les reptiles (dont les dinosaures), les oiseaux et que sont nés les mammifères, dont font partie les hommes. Au cours de ce formidable voyage dans le temps, on estime que 99 % de toutes les espèces qui ont existé ont disparu à ce jour ! Jadis, à cause de cataclysmes, aujourd'hui, à cause de l'être humain.

Les premières vagues d'extinction de masse

Une extinction de masse est la disparition massive et rapide des espèces après un bouleversement important de leur environnement. La Terre en a connu cinq, depuis 443 millions d'années jusqu'à 66 millions d'années. La première est due à différentes phases de glaciation, la deuxième à un refroidissement suivi d'un réchauffement climatique. Les troisième et quatrième ont été provoquées par une augmentation de l'activité volcanique. Quant à la cinquième, elle aurait débuté après la collision d'une énorme météorite avec la Terre.

Au temps des dinosaures

Il y a 66 millions d'années, 76 % des espèces, dont les dinosaures, ont quitté la surface de la Terre durant la crise du Crétacé-Tertiaire. Encore aujourd'hui, les scientifiques n'arrivent pas à se mettre d'accord sur les raisons exactes de cette destruction. Mais trois événements ont pu être prouvés : la chute d'une météorite au Mexique, une activité volcanique très intense et des changements climatiques importants. Les espèces qui ont survécu à cette crise sont les ancêtres des espèces actuelles d'oiseaux, de reptiles et de mammifères.

Echantillons de sol pour les études des géolog

À gauche, fossiles de trilobites, disparus lors de la troisième extinction, et à droite, fossile d'ammonite, disparues lors de la cinquième extinction

Des disparus par milliers

Tous les jours, des espèces meurent quand d'autres sont découvertes. Certaines se sont éclipsées sans que l'homme ne les ait jamais observées ! Selon les périodes, la biodiversité peut augmenter ou diminuer. La durée de vie d'une espèce est estimée à plusieurs centaines de milliers, voire plusieurs millions d'années. Lorsque deux populations d'une même espèce vivent dans des régions différentes et possèdent des caractères différents (taille, couleur…), on les considère comme des sous-espèces.

L'espadon chinois, déclaré éteint en 2020

Vers une sixième vague d'extinction ?

Il est possible que l'on assiste en direct à une sixième extinction de masse ! Des dérèglements climatiques, initiés il y a deux millions d'années, ont été fatals à de nombreuses espèces. Le processus s'est intensifié avec l'activité humaine. Il y a 12 000 ans, le réchauffement climatique et la chasse ont anéanti mammouths et rhinocéros laineux. Ainsi, des milliers d'espèces – 100 fois plus aujourd'hui qu'en 1900 – ont disparu à cause de l'agriculture, de la chasse, de l'introduction d'espèces envahissantes et de la destruction des espaces naturels.

Le rhinocéros laineux

Sur les traces des disparus

C'est grâce aux recherches universitaires que l'on arrive à imaginer ce qui est arrivé à la faune et à la flore, depuis des millions d'années. Le paléontologue par exemple, en étudiant les fossiles, est capable de reconstituer un squelette, d'estimer son âge et de le classer. On peut alors comprendre comment une espèce a évolué.
Le géologue, lui, peut analyser les différentes couches qui composent la Terre. Cela lui permet de reconstituer l'histoire des entrailles du monde, des catastrophes naturelles aux chocs climatiques.

Des paléontologues extraient des os fossilisés du sol.

LES ANIMAUX TERRESTRES

La principale cause de disparition des animaux terrestres est la destruction de leur habitat. Quand l'être humain s'installe quelque part, il a besoin d'espace pour construire des villes et des champs. Cela l'oblige à détruire des forêts, faisant fuir les créatures qui y vivent. Incapables de trouver leur place en zone urbaine, empoisonnés par les pesticides des cultures, chassés par l'homme et les espèces invasives qu'il véhicule, certains animaux ont vu leur population diminuer, avant de s'éteindre à jamais.

Le dodo

Le dodo était un oiseau dodu coureur : il ne volait pas. Du haut de ses 80 cm, il était paisible, car aucun prédateur ne l'approchait. Ce, jusqu'à ce que des marins s'installent sur l'île Maurice, où il vivait, et constatent que le volatile était aussi facile à chasser que délicieux. L'introduction par l'être humain d'animaux, comme le cochon et le rat qui mangeaient ses œufs, a fini par l'anéantir. Les derniers dodos ont été tués à la fin du XVIIe siècle. L'expression « faire dodo » viendrait de leur ingénue docilité.

L'hippopotame nain de Madagascar

Avec sa peau sensible, cet herbivore de 200 kg fuyait le soleil et ne sortait que la nuit pour se nourrir. Il dévorait alors les baies, les fruits ainsi que les racines qu'il trouvait sur les rives des rivières et des lacs de son île. On pense qu'il a disparu vers le Xe siècle, quand l'homme est venu coloniser Madagascar. Mais nombreux sont ceux qui racontent l'avoir vu depuis, même au XXe siècle ! Il survit maintenant dans les contes : nommé Kilopilopitsofy, il est le monstre qui hante les forêts malgaches…

Le singe de Jamaïque

On a longtemps cru que ce petit primate était originaire de Jamaïque. Mais de récentes recherches ont montré qu'il venait en fait d'Amérique du Sud ! Un long voyage en mer sur de petits radeaux faits de restes de bois et de végétaux lui a sûrement permis de découvrir l'île des Caraïbes. Il était doté d'une longue queue et devait vivre dans les branches des arbres. Les causes de sa disparition restent mystérieuses. Mais l'arrivée des humains sur son île lui a sans doute été fatale, à cause de la chasse et de la destruction de son territoire.

Le pika sarde

Proche de la famille des lapins, le pika sarde ressemblait à un gros rat sans queue. C'était un animal fouisseur : il aimait creuser le sol pour construire des terriers sur tout son territoire. Ce végétarien s'épanouissait aussi bien au bord de la mer qu'à 800 m d'altitude au milieu des prairies et parmi les arbustes. Pourquoi a-t-il disparu ? Nul ne le sait. Il avait de nombreux prédateurs, dont l'homme et les mammifères introduits sur les îles, comme les chiens et les chats ; il a peut-être été trop chassé.

Le loup des Malouines

Mi-renard, mi-loup, cet être peu craintif vivait paisiblement sur son archipel. Comme ils n'étaient que deux mammifères à habiter les lieux, lui et une espèce de souris, le carnivore était obligé de se nourrir d'oiseaux, de larves et d'insectes. Il n'a pas résisté longtemps aux assauts des humains : tous l'ont chassé ! D'abord, les colons argentins qui le regardaient en ennemi. Ensuite, les commerçants de fourrure américains qui chérissaient son superbe pelage. Et enfin, les colons écossais qui ne voulaient pas qu'il s'attaque aux troupeaux de moutons.

Le couagga

Le couagga était une sous-espèce du zèbre des plaines. On le reconnaissait à son pelage brun-beige, avec des jambes et un ventre blancs, ainsi qu'à ses zébrures présentes uniquement sur l'avant du corps. Il vivait en troupeau dans les zones arides d'Afrique australe. Les chasseurs avaient un faible pour sa viande et sa peau, tandis que les éleveurs voyaient en lui un concurrent de leur bétail. On a interdit son abattage en 1886. Mais il était trop tard : le dernier couagga était mort au zoo d'Amsterdam en 1883.

La souris de Saint-Kilda

Cette sous-espèce de souris domestique a vécu une existence heureuse au contact de l'homme. Sur son archipel de l'océan Atlantique, la petite opportuniste se gavait des nourritures humaines tout en profitant des maisons pour se protéger. Mais tout s'est arrêté lorsque les lieux ont été évacués en 1930. Privée de ses bienfaiteurs, qui ne l'ont pas prise dans leurs bagages, la souris a disparu : elle n'a pas réussi à se nourrir seule dans la nature. Et il lui était impossible d'atteindre d'autres îles, trop éloignées.

LES DISPARITIONS SUR LES ÎLES

Vivre sur une île n'a rien de paradisiaque pour un animal local ! Il doit subir les agressions d'un terrible envahisseur : l'être humain. Dès que ce dernier s'installe, il impose non seulement ses constructions, mais aussi ses surfaces agricoles. C'est ainsi que l'habitat des animaux est détruit. Ceux qui résistent malgré tout sont souvent chassés, sans possibilité de fuir à cause de la mer qui les entoure. Ils sont aussi obligés de se battre contre les animaux introduits par l'homme (apportés dans un lieu où ils ne devraient pas vivre).

Saint-Kilda, archipel écossais

Le thylacine

Il ressemblait à un loup, avait le poids d'un chien, sautait comme un kangourou et portait des rayures de tigre. Cet étrange animal était considéré comme le plus grand marsupial carnivore de la terre : il transportait ses petits dans une poche ventrale et mangeait des proies telles que les wallabys et les oiseaux. Sa disparition serait due aux dingos, qui chassaient les mêmes animaux, aux humains qui le voyaient comme un ennemi à exterminer, mais aussi à la sécheresse. En 1936, le dernier de l'espèce est mort dans un zoo australien.

Le cerf de Schomburgk

À la saison sèche, on pouvait l'observer au sein de troupeaux dans les zones marécageuses de Thaïlande. Le chef de groupe, un mâle adulte, arborait de superbes bois pouvant mesurer jusqu'à 80 cm. Les chasseurs étaient ravis d'exposer de tels trophées et la médecine chinoise s'en servait pour fabriquer des remèdes. Mais c'est surtout l'expansion de la culture du riz sur son territoire qui a mené à sa disparition. Le dernier cerf de Schomburgk en captivité est mort en 1938. Pourtant, la découverte récente de bois de cerf au Laos laisse imaginer qu'il s'y cache peut-être.

L'onychogale croissant

Caché dans les forêts épaisses, il sortait parfois prendre le soleil. Mais dès qu'un bruit ou un intrus surgissait, l'herbivore marsupial sautait se mettre à l'abri. Ses pattes avant l'aidaient à creuser le sol pour se façonner un nid frais et douillet durant les grandes chaleurs. Les raisons de sa disparition sont multiples : l'introduction de prédateurs (renards, chats…) et de concurrents (lapins, moutons…) sur son territoire, la dégradation de son habitat, la sécheresse et peut-être une épizootie (une maladie ne s'attaquant qu'à un groupe d'espèces).

L'autruche d'Arabie

Avec son long cou et ses jambes rouges, l'énorme oiseau courait à grande vitesse dans les déserts du Moyen-Orient. Il n'avait pas d'autres choix pour échapper aux prédateurs puisqu'il ne savait pas voler. Mâle et femelle se relayaient pour couver leurs œufs au milieu de l'hiver. Ces trésors, très difficiles à approcher, représentaient un mets délicat pour les chasseurs, qui poursuivaient avant tout les autruches pour leurs plumes et leur graisse. La généralisation des véhicules et des armes à feu a sonné le glas de cette sous-espèce asiatique.

Le bandicoot à pieds de porc

Son nom vient de ses sabots fendus, pareils à ceux du cochon. Mais on aurait aussi pu l'appeler marsupial à tête d'oiseau, oreilles de lièvre ou queue de rat ! L'herbivore, qui pouvait croquer des insectes à l'occasion, aurait vu sa population décliner à la fin des pratiques ancestrales de culture des aborigènes. Grâce à leurs incendies traditionnels, qui formaient un paysage de forêts et de prairies, l'animal pouvait se cacher et se nourrir. Sans eux, il a dépéri. Plus tard, il aurait succombé aux changements de son environnement suite à l'introduction massive de bétail.

Le tigre de Java

Avec le tigre de la Caspienne et celui de Bali, il fait partie des trois sous-espèces de tigres (sur neuf) à jamais disparues de la planète. Cet imposant prédateur fascinait autant qu'il effrayait les Javanais. La déforestation due à la culture du riz a fait diminuer le nombre de ses proies et la taille de son territoire. Ainsi repoussé, il s'est attaqué au bétail, ce qui lui a valu d'être pourchassé par les humains. Il n'a pas non plus réussi à contrer son rival, le léopard de Java, aujourd'hui en danger critique d'extinction.

La gazelle saoudienne

Tout en délicatesse, la petite antilope était réputée pour son agilité et ses prouesses à la course. Comme les autres gazelles de la famille des bovidés, elle était capable de dépasser les 100 km/h ! Sa solide constitution lui permettait de survivre sans boire durant plusieurs jours dans un environnement hostile. Mais ces talents n'ont pas suffi à la sauver. L'homme, intéressé par sa viande et sa peau, l'a chassée jusqu'à ce que l'espèce s'éteigne, dans les années 1970.

Le rhinocéros noir d'Afrique de l'Ouest

Exemple tragique des dégâts du braconnage, cette sous-espèce de rhinocéros noir, qui se comptait par centaines de milliers dans les années 1950, s'est éteinte en 2011 au nord du Cameroun. Ses deux cornes sur le front étaient convoitées par les médecins traditionnels chinois, ce qui poussait les braconniers africains à le traquer sans relâche pour gagner de grosses sommes d'argent. Ce trafic a même forcé les musées d'histoire naturelle à remplacer les cornes d'animaux empaillés par des moulages synthétiques afin d'éviter les vols !

Les tortues géantes des Galápagos

Sur les dix espèces vivant sur les îles Galápagos, deux ont déjà disparu. Assaillis dès l'arrivée des Européens, privés de nourriture par les chèvres qui les accompagnaient, les placides reptiles ont tout de même résisté quatre siècles avant de succomber ! George le solitaire, la dernière tortue géante de l'île Pinta, a disparu en captivité en 2012 sans avoir pu se reproduire. Ce mâle avait à peine 100 ans, ce qui était jeune pour l'espèce. On a congelé des parties de son anatomie dans l'espoir de le faire revivre un jour.

George le solitaire, sur l'île Pinta

LES ANIMAUX DES AIRS

Voler ne permet pas toujours de fuir un fléau. Les animaux qui peuplent notre ciel souffrent des bouleversements climatiques et des catastrophes naturelles (feux de forêt, inondations...). Ces désastres, tout comme la déforestation, détruisent leur habitat et leurs sources de nourriture. La chasse, le braconnage, l'introduction d'animaux invasifs, le trafic d'animaux pour les collectionneurs sont autant d'éléments qui affaiblissent encore les espèces.

L'étourneau de la Réunion

Doté d'une touffe blanche sur la tête qu'il hérissait en fonction de son humeur, ce passereau omnivore vivait en groupe dans les zones humides de la Réunion, six mois dans les plaines et six autres dans les montagnes. S'il s'est adapté aux plantations de café, profitant même de leurs graines, l'étourneau n'a pas résisté aux espèces invasives apportées par l'homme. Rats, parasites et serpents l'ont attaqué facilement parce qu'il faisait son nid sur le sol. La chasse et le passage à la culture de la canne à sucre l'ont achevé.

L'aigle de Haast

Considéré comme le plus grand rapace connu ayant jamais existé, il vivait en Nouvelle-Zélande. Ses énormes serres lui permettaient de chasser des proies plus grosses que lui, tel que le moa, un oiseau incapable de voler, pesant jusqu'à 250 kg. Les peuples maoris de Nouvelle-Zélande racontent de nombreuses légendes à son sujet : il aurait capturé des humains ! Ce grand prédateur a sûrement disparu à cause de l'extinction de moas dont il se nourrissait, chassés par l'homme qui les mangeait, et de la diminution de la taille de son habitat due à l'agriculture.

Le drépanide mamo

Ce magnifique butineur avalait le nectar des fleurs d'Hawaï grâce à son long bec. Il s'envolait aussi vers la cime des arbres afin d'attraper des insectes. Ses plumes jaunes étincelantes étaient très recherchées dans la confection de vêtements. 80 000 drépanides pouvaient être tués pour réaliser un seul manteau ! On le chassait aussi pour les collectionneurs. Mais il semblerait que la destruction de son habitat ainsi que des maladies aient décimé sa population. Son cousin, le drépanide noir, a disparu quelques années après lui, en 1907.

Le huia dimorphe

Jamais un huia ne quittait l'ombre de la forêt ! Craintif, il se déplaçait toujours accompagné, en duo ou à plusieurs, à toute vitesse entre les arbres et sur le sol néo-zélandais. Son originalité venait de son bec : la femelle en possédait un long et recourbé, tandis que celui du mâle était court et droit. Mais ce sont, avec la déforestation, ses incroyables plumes noires et blanches qui lui ont été fatales. Les Maoris les ont d'abord employées pour orner leurs coiffes, les Européens les ont ensuite utilisées dans le monde de la mode.

Le caracara de Guadalupe

Les causes de la disparition de ce rapace diurne sont claires : les éleveurs de chèvres ont voulu l'exterminer, car ils lui reprochaient de manger leur bétail. Persécuté, empoisonné, abattu, il a perdu les derniers membres de son espèce sous les tirs d'un collectionneur d'oiseaux, qui les destinait au musée. Son extinction a entraîné celle du pou qui habitait dans ses plumes, nommé *Acutifrons caracarensis*. Les oiseaux volent toujours en compagnie de petits envahisseurs qui vivent à leurs dépens, et leur disparition conduit souvent à celle de leur parasite.

La ninoxe rieuse

Cette jolie chouette rigolait-elle, ou pas ? Ceux qui l'ont côtoyée n'ont pas réussi à se mettre d'accord. En vol, la Néo-Zélandaise émettait des cris semblables à des rires pour certains, quand d'autres trouvaient son chant lugubre. Les causes de sa disparition restent aussi mystérieuses. Peut-être n'a-t-elle pas supporté que l'homme prenne trop de place, qu'il transforme ses forêts en pâturages et surtout qu'il introduise des prédateurs sur son territoire. Peu farouche, le rapace se déplaçait souvent sur le sol et était donc une proie facile.

Martha, dernière représentante de l'espèce au zoo de Cincinnati

Le piopio de Nouvelle-Zélande

Omnivore, l'effronté piopio de Nouvelle-Zélande n'hésitait pas à entrer dans la tente des humains pour trouver des restes de nourriture. Et lorsqu'un autre oiseau, même de son espèce, approchait son territoire, il le chassait violemment. Le passereau n'avait peur de rien et c'est peut-être cela qui l'a tué. Il ne s'est pas méfié des rats, des chiens, des chats et des hermines introduits par l'homme qui ont fait de lui leur casse-croûte. La destruction de son habitat a aussi contribué à son extinction.

Le pigeon migrateur

Quand les pigeons migrateurs volaient par millions dans le ciel nord-américain, le ciel s'assombrissait. C'était leur manière de se protéger des prédateurs. Les groupes sont devenus plus petits lorsque leurs forêts ont été détruites par l'augmentation des terres agricoles. Mais ils se sont adaptés et ont commencé à manger les cultures. L'homme s'est alors mis à les éliminer à coups de fusil et a même fait un sport de cette pratique ! Martha, la dernière survivante de cette hécatombe, a disparu en 1914 au zoo de Cincinnati (Ohio).

LA DISPARITION DES OISEAUX MIGRATEURS

Des scientifiques ont estimé que 80 % des espèces d'oiseaux migrateurs seront menacées d'ici à 2050. Changements climatiques et activités humaines en sont la cause. Par exemple, le réchauffement des températures accélère le cycle de vie des insectes. Lorsque les oiseaux migrateurs insectivores arrivent, ils ne trouvent plus les larves auxquelles ils étaient habitués. Ils sont donc obligés de voler plus loin pour se nourrir, ce qui les épuise. L'utilisation de pesticides et la diminution des zones où se reproduire sont aussi des problèmes.

La perruche de la Caroline

Seule espèce indigène de la famille des perroquets aux États-Unis, la perruche de la Caroline survolait par groupe de plus de 200 oiseaux les forêts qui longeaient les grands cours d'eau. La déforestation et l'introduction d'abeilles qui se sont installées où elle nichait l'ont menée à l'extinction, mais pas seulement : elle dévastait les cultures et avait de belles plumes à mettre sur les chapeaux, c'est pourquoi on l'a chassée. Docile, elle a aussi fini dans les cages de nombreux collectionneurs qui oubliaient qu'elle était grégaire.

Le merle de Grand Cayman

Gris cendré avec un ventre blanc, un bec, des pattes et le contour des yeux rouge corail, ce merle insulaire avait un penchant pour les bois denses. Il s'installait dans des endroits peu hospitaliers, comme les marécages et les mangroves peuplées d'arbres vénéneux, de roches coralliennes tranchantes et de cactus grimpants. À peine découvert en 1886, l'oiseau s'est vu chassé pour les collectionneurs. On suppose que sa disparition est due à la déforestation, qui a détruit son habitat, tout comme les ouragans.

Quatre espèces d'Akialoa

Au XXe siècle, c'est tout un genre qui a été décimé sur l'archipel d'Hawaï : Akialoa. Il contenait quatre espèces de passereaux qui vivaient chacune sur une île différente. Toutes possédaient un long bec fin et recourbé qui leur permettait d'aller chercher le nectar des fleurs et d'attraper des insectes. Il semblerait que la destruction de leur habitat, les maladies, l'introduction de prédateurs et les dégâts causés par des ouragans à leur environnement soient les raisons de leur disparition.

Le xercès bleu

Les collectionneurs recherchaient les mâles pour leur bleu iridescent, dont les reflets changeaient de couleur quand ils volaient au printemps. La femelle était brune. Ce papillon vivait sur les dunes côtières de San Francisco (USA). Grâce à une fourmi, qui protégeait les chenilles, l'espèce s'épanouissait dans les lotus, sous les cyprès. Quand sa végétation préférée a disparu et qu'une fourmi argentine introduite s'est attaquée à son insecte bienfaiteur, le xercès bleu s'est éteint. Une fondation dédiée à la protection des invertébrés porte aujourd'hui son nom.

Le pic à bec d'ivoire

Disparu ou pas ? L'un des plus grands pics de la planète pourrait avoir survécu. Des observateurs pensent avoir aperçu la crête rouge et le bec blanc ivoire d'un mâle en 2004, en Arkansas (États-Unis). Mais aucune preuve indiscutable n'existe. Sa dernière véritable observation date de 1944, en Louisiane. Ce dévoreur de larves, qu'il allait chercher dans les troncs d'arbres morts à l'aide de son bec, a sûrement succombé à la déforestation et à la chasse : ses incroyables plumes faisaient rêver les collectionneurs.

La rousserolle rossignol

Sur un perchoir bien en vue, le mâle aimait chanter fort des mélodies aussi longues que variées. Son territoire se situait sur une île de Micronésie dans l'océan Pacifique. L'espèce nichait dans la végétation proche de l'eau douce. La disparition des zones humides a contribué à son extinction, comme les incendies, l'utilisation de pesticides, ainsi que l'introduction accidentelle d'une couleuvre venimeuse. *Boiga irregularis*, nom latin de ce serpent, est responsable de la disparition de nombreux autres oiseaux sur l'île, dont le râle de Guam.

La pipistrelle de l'île Christmas

Cette chauve-souris vivait sur une petite île australienne. Chaque nuit, elle dévorait l'équivalent du poids de son corps en insectes ! Pour nicher, elle s'installait par groupe de 50 dans le creux des arbres et la végétation en décomposition. Sa population a diminué à toute vitesse sans qu'on sache pourquoi. Malgré les alertes des scientifiques, les autorités locales ont réagi trop tard : la dernière pipistrelle de l'île Christmas a disparu en août 2009, peut-être à cause d'espèces invasives, telles que le chat ou la couleuvre loup.

LES ANIMAUX AQUATIQUES

L'humain reste le principal responsable de l'extinction des espèces aquatiques. En cause, la surpêche, la pollution ou encore les émissions de gaz à effet de serre qui augmentent la température des mers. D'après le WWF, la moitié des populations d'animaux marins (poissons, mammifères, reptiles et oiseaux) aurait déjà disparu en quarante ans ! Si l'on continue à ce rythme, les océans risquent d'être bientôt privés de plus d'un tiers des mammifères marins et les zones humides de plus de 40 % des amphibiens.

Le grand pingouin

Champion de natation, le plus grand des pingouins passait tout son temps dans l'océan Atlantique. Il ne séjournait que quelques semaines sur la terre ferme afin de nicher. Les pêcheurs l'ont tellement pourchassé pour sa chair, sa graisse, ses plumes et ses œufs, qu'il ne survivait plus que sur une seule île islandaise inabordable, au XVIIIe siècle : Geirfuglasker. Mais malheureusement, elle a fini engloutie par une éruption volcanique en 1830 ! Réfugiés sur une île moins bien protégée, les derniers ont été tués en 1844 pour des collectionneurs.

La rhytine de Steller

C'est parce que cet énorme mammifère broutait des algues que le naturaliste Steller, qui l'a décrit, l'a d'abord appelé vache de mer en 1741. Sous sa peau plissée, les chasseurs ont trouvé de la viande et de la graisse à vendre. Le lait des femelles était considéré comme exquis. Il n'en a pas fallu plus pour qu'on le chasse sans retenue jusqu'à son extinction, en l'espace de 27 ans ! Découverte dans la mer de Béring, la rhytine a vécu des milliers d'années sur un large territoire dans l'océan Pacifique. Sa disparition avait donc débuté avant sa rencontre avec l'homme.

Le vison de mer

Muni de dents larges et pointues, ce mammifère semi-aquatique croquait volontiers des poissons ou des mollusques. À l'aise dans l'Atlantique, il trottinait aussi sur les rochers au bord de l'océan. Son plus gros défaut était d'avoir une magnifique fourrure rousse. Chère, elle poussait les chasseurs à se battre pour la capturer à l'aide de pièges et de chiens. Cette traque infernale a conduit à son extinction durant la seconde moitié du XIXe siècle.

La féra du Léman

L'existence de ce poisson délicat se déroulait sans encombre au fil des saisons. En été, il voguait à la recherche de zooplanctons. En hiver, il s'enfonçait dans les profondeurs de son lac franco-suisse. Sa chair fine enchantait le palais des humains, ce qui a mené à sa surpêche. Sa reproduction en captivité n'a pas fonctionné et des mesures de protection n'ont pas permis de le sauver. Aujourd'hui, la « féra » du Léman que l'on pêche est en fait une cousine, la palée, introduite par l'homme à partir de poissons du lac de Neuchâtel (CH).

La grenouille léopard de Las Vegas

Elle habitait à 600 m d'altitude dans la vallée de Las Vegas (Nevada, USA). On la trouvait surtout dans les terres humides herbeuses et les ruisseaux qui apparaissent au printemps. Dès les années 1930, la construction en plein désert de la fameuse capitale mondiale du jeu a obligé l'homme à trouver des sources d'eau. Il a ainsi asséché son habitat, tout en le réduisant. À cela s'ajoute l'introduction de l'ouaouaron, une grosse grenouille, qui lui a été fatale. Mais une récente découverte indiquerait qu'elle survivrait peut-être en Arizona !

Le phoque moine des Caraïbes

Il doit son nom à son crâne lisse et à sa peau plissée autour du cou qui font penser à la tête et au col des moines. Excellent nageur, l'animal potelé était très lent sur terre. Sa curiosité et son manque de méfiance ont fait de lui une proie facile pour les chasseurs. On vendait sa peau, parfois sa viande et on extrayait de l'huile de son corps. Persécuté dès la fin du XVe siècle, quand Christophe Colomb l'a découvert, il a été observé pour la dernière fois en 1952. Il était protégé au niveau international depuis 1949.

Phoque moine des Caraïbes à l'aquarium de New York

L'otarie du Japon

Gris foncé, avec de grands yeux noirs, elle avait la même silhouette que sa cousine, l'otarie de Californie. Ses moustaches (vibrisses, comme les chats) l'aidaient à percevoir son environnement dans les profondeurs troubles de l'océan Pacifique. Cette otarie était convoitée par l'homme pour sa graisse et certains de ses organes internes, utilisés dans la médecine traditionnelle orientale, ainsi que pour ses vibrisses dont on faisait des cure-pipes. On la capturait aussi pour les cirques. Sa date de disparition est estimée aux années 1950.

Le grèbe roussâtre

Sédentaire, l'oiseau aquatique plongeur nageait sereinement sur son lac malgache, bordé de papyrus et de roseaux, jusqu'à ce que les pêcheurs posent des filets où il s'empêtrait et que des poissons carnivores soient introduits dans son milieu. Non seulement il a soudain dû se battre pour manger, mais en plus il a vu son habitat chamboulé par l'arrivée d'autres espèces exotiques, végétales et animales. Pire, l'homme a transformé ses marais en rizières. Ses petites ailes l'empêchaient de fuir loin, il a complètement disparu en 2010.

Le dauphin de Chine

Ce dauphin d'eau douce est considéré comme « possiblement éteint », car des naturalistes l'auraient vu dans le Yang-Tsé-Kiang, fleuve chinois, en 2016. Mais personne n'a encore pu prouver qu'il y nage toujours. Le baiji, de son nom chinois, est sacré dans son pays. Pourtant, l'homme ne s'est pas gêné de le persécuter. En augmentant le trafic des bateaux et en plaçant des filets de pêche partout, il a provoqué de nombreuses morts accidentelles. On l'a chassé un temps pour confectionner des sacs à main et des gants ! Et la pollution a empoisonné son habitat, par le rejet des eaux usées dans le fleuve.

Les poissons-scies

Grâce à leur rostre (sorte de bec allongé fait de cartilage et entouré de dents), les poissons-scies arrivent aussi bien à détecter qu'à manipuler des proies dans l'océan. Si les cinq espèces de cette famille ressemblent à des requins, elles sont en fait des raies ! Braconnées pour leur rostre ou leurs ailerons, victimes des filets de pêche et souffrant de la destruction de leur habitat, elles sont en train de disparaître. Aujourd'hui mieux protégées, elles seront peut-être sauvées si les humains cessent de les perturber.

LES CORAUX RISQUENT DE DISPARAÎTRE

Si les humains ne tentent pas de ralentir le réchauffement des océans, les récifs coralliens de toute la planète risquent de s'éteindre d'ici à 2050 ! Avec eux, ce sont près de 2 millions d'espèces qui sont aussi menacées, car elles vivent grâce à leur présence. Un quart des poissons océaniques, par exemple, grandissent au milieu des coraux, ces animaux marins aux airs de plantes. Sans eux, l'homme perdra non seulement une source financière (nourriture, tourisme), mais surtout une barrière de protection contre les catastrophes naturelles.

UNE LUEUR D'ESPOIR

Pour sauver les animaux de l'extinction, il est parfois nécessaire de les garder en captivité. Les parcs animaliers jouent ici un rôle important dans la conservation des espèces. Grâce à une banque de données listant tous les animaux captifs, ils font se rencontrer des mâles et des femelles provenant de zoos distincts afin de favoriser leur reproduction. Ils participent aussi à des réintroductions d'espèces dans leur milieu naturel. Par exemple, le zoo de Beauval a réintroduit avec succès une femelle gorille au Gabon.

L'hémione

Avant le XIXe siècle, l'âne sauvage d'Asie paissait dans les steppes de montagne comme dans les plaines désertiques. Sa robe beige clair embellissait les paysages de 25 pays asiatiques. Aujourd'hui, il a disparu régionalement de la plupart des contrées où il vivait à cause des hommes et de leur bétail qui volent ses terres, ainsi qu'à la chasse intensive illégale qu'il subit. Plusieurs pays ont heureusement décidé de le réintroduire, dont Israël et l'Ouzbékistan. Son statut est ainsi passé de « en danger d'extinction » à « quasi menacé ».

L'ara de Spix

Le héros du film d'animation *Rio* a complètement disparu des forêts brésiliennes en 2000. Le pauvre ne trouvait plus ses noix favorites provenant du pin du Paraná, une espèce d'arbre en danger critique d'extinction. Également piégé dans les filets des trafiquants d'oiseaux exotiques, un commerce illégal, le perroquet à la voix stridente ne vit aujourd'hui plus que dans les parcs animaliers. Grâce à la collaboration de fondations et zoos internationaux, il sera bientôt relâché chez lui, dans un habitat restauré et protégé.

L'oryx algazelle

Ses immenses cornes et ses 60 km/h de pointe en cas de danger auraient pu le prémunir de toutes les attaques dans les steppes africaines. Pourtant, à l'état sauvage, l'antilope n'a pas résisté aux assauts des humains. Chassée pour ses cornes par les amateurs de trophées, pour sa viande et sa peau par les populations locales, elle a souffert de la disparition de son habitat au profit du bétail. Mais un programme d'élevage mondial en captivité tente de sauver l'espèce ! Elle est en cours de réintroduction dans des zones protégées.

Le cerf du père David

Les chinois le surnomment *sibuxiang*, ce qui signifie « qui ne ressemble à rien ». Pourquoi ? Parce qu'il paraît avoir une queue d'âne, des sabots de vache, un cou de cheval et des bois de cerf ! S'il a disparu en Chine à l'état sauvage, à cause de la chasse et de la perte de son habitat, il a survécu dans des parcs grâce à des passionnés qui l'ont introduit en Europe au XIXe siècle. Ce sauvetage a permis de le réintroduire dans son pays d'origine en 1985. Certains cerfs se sont échappés et forment une population sauvage en devenir.

Une corneille d'Hawaï utilisant une brindille pour récupérer de la nourriture

BIENTÔT DE RETOUR ?

Des animaux éteints dans la nature survivent dans des parcs animaliers et vivront peut-être un jour une réintroduction réussie. C'est le cas du hocco mitou, un cousin brésilien du coq, qui est enfin parvenu à se reproduire en captivité en 2015. Le crapaud du Wyoming, lui, attend qu'on éradique un champignon destructeur pour pouvoir retrouver son État américain. Quant à la corneille d'Hawaï, sa reproduction en captivité est difficile et les essais de réintroduction n'ont encore rien donné. Mais l'espoir demeure !

REDÉCOUVERTS OU RESSUSCITÉS ?

Il arrive que l'on « redécouvre » des espèces que l'on croyait disparues, quand d'autres survivent comme par miracle aux catastrophes ou à l'homme. La nature reste pleine de surprises ! Certains biologistes tentent de jouer avec elle en « ressuscitant » des animaux totalement éteints. On appelle cela la dé-extinction. Mais est-ce bien raisonnable de faire revenir à la vie des espèces perdues ? Si cela fonctionne, quel impact leur retour aura-t-il sur la Terre ? Ces pratiques soulèvent de nombreuses questions...

Le clonage

Cette technique permet de reproduire un être vivant à partir d'une de ses cellules. Des scientifiques essaient cette méthode sur des espèces éteintes. Par exemple, sur la grenouille plate à incubation gastrique (une Australienne qui avalait ses œufs jusqu'à ce que les petits ressortent par sa bouche) : on a tenté de la faire revivre en utilisant ses tissus congelés il y a 40 ans. Des expériences similaires ont aussi été faites sur le bouquetin des Pyrénées. Pour l'instant, aucune des deux espèces ne revit.

Un cas mystérieux

La baleine grise nageait dans les océans Atlantique et Pacifique jusqu'à ce qu'une chasse acharnée l'extermine de l'Atlantique entre le XVIIe et le XIXe siècle. Peut-être disparue du Pacifique Nord-Ouest, cette grande migratrice, capable d'effectuer des milliers de kilomètres pour se reproduire, a vu sa population croître dans le Pacifique Nord. Et l'une d'elles a réussi à atteindre la Méditerranée en 2010 : hasard ou grand retour ? On pourrait s'en réjouir si plus de 300 autres baleines n'avaient pas péri, sans explications, entre 2019 et 2020.

La redécouverte

Des espèces classées comme éteintes réapparaissent parfois sans crier gare. C'est ainsi qu'après presque 30 ans d'absence, la grenouille Jambato a été redécouverte par un écolier équatorien en 2016, lors d'une balade en famille. Sur les îles Canaries, plusieurs espèces de lézards géants ont refait surface entre 1974 et 2007, tel celui de La Palma, dont on ne connaissait que les fossiles ! La musaraigne éléphant de Somalie, qui ne pointait plus son nez en forme de trompe depuis 1973, a réjoui les biologistes qui l'ont retrouvée en 2019.

La sélection artificielle

À la base, la sélection consiste à choisir des individus sauvages aux caractères particuliers à l'intérieur d'une espèce pour les faire se reproduire et obtenir la race domestique désirée. Pour faire revivre des espèces du passé, certains font une sélection à l'envers : ils cherchent les qualités de l'aïeule des animaux domestiqués pour le ressusciter. Des tentatives de renaissance de l'aurochs, ancêtre des bovidés actuels, existent depuis les années 1920 en Allemagne. Mais ces « aurochs reconstitués » demeurent différents de l'original.

La résurrection du mammouth

Et si un jour il était possible de caresser Manny ? Bien que le pachyderme de *L'Âge de glace* soit fort sympathique, on est en droit de s'inquiéter de vivre soudain dans une sorte de *Jurassic Park*. Pourtant, des généticiens capables de reproduire l'ADN du mammouth laineux se sont mis en tête de lui redonner vie. Ils imaginent même que la présence aujourd'hui de l'animal éteint depuis 4 000 ans pourrait aider la Terre à lutter contre le réchauffement climatique. En revanche, il reste encore impossible d'envisager le retour des dinosaures.

TABLE DES MATIÈRES

57, rue Gaston Tessier, CS 50061, 75166 Paris Cedex 19
www.fleuruseditions.com
Direction : Guillaume Pô
Direction éditoriale : Emmanuelle Braine Bonnaire
Conception de la collection : Émilie Beaumont et Jack Delaroche
Édition : Florine Jamroz, Nathalie Merluzzi
Conception graphique : Éric Laurin sous la direction de création de Élisabeth Hébert
Direction artistique : Bleuenn Auffret, assistée de Julien Di Giorgio
Mise en page : Graph'M
Direction de fabrication : Thierry Dubus
Fabrication : Sonia Roméo

Loi n° 49-956 du 16 juillet 1949 sur les publications destinées
à la jeunesse, modifiée par la Loi n° 2011-525 du 17 mai 2011.
Dépôt légal : août 2021
1re édition - N° d'édition : J21218
ISBN : 978-2-2151-7641-1 • MDS : FS76411
Achevé d'imprimer en juillet 2021 en Italie
Par LEGO S.p.A par l'intermédiaire d'Ercom

IMPRIM'VERT®

Certifié PEFC
Ce produit est issu de forêts gérées durablement et de sources contrôlées
PEFC
PEFC/18-31-280
www.pefc-france.org